AF232371

MÉMOIRE

SUR LA NÉCESSITÉ ET LA MANIÈRE

DE CONSERVER

A LA VILLE DE PARIS

L'ADMINISTRATION

DE LA SEINE

ET RIVIÈRES AFFLUENTES,

ET SUR LA JURISDICTION Y RELATIVE,

Par M. VAUVILLIERS, Administrateur,
chargé de la partie des Rivières, Bois & Charbons;

PRÉSENTÉ A L'ASSEMBLÉE NATIONALE,

Et imprimé par ordre du Conseil Général de la Commune.

MUNICIPALITÉ DE PARIS.

MÉMOIRE
SUR LA NÉCESSITÉ ET LA MANIÈRE
DE CONSERVER
A LA VILLE DE PARIS
L'ADMINISTRATION
DE LA SEINE
ET RIVIÈRES AFFLUENTES,
ET SUR LA JURISDICTION Y RELATIVE.

Imprimé par ordre du Conseil Général de la Commune.

JE ne viens point, appuyé sur le droit frivole de l'ancienneté, établir (en présence de l'Assemblée instituée pour réformer les abus) qu'on doit croire aujourd'hui juste & nécessaire ce que plusieurs siécles nous avoient enseigné à regarder comme fondé sur la justice & sur la nécessité ; mais je dois espérer, sans doute, qu'une opinion ne sera pas condamnée d'avance, par la seule raison que, de temps immémorial, on a cru y trouver les caractères de

A

la vérité. Je n'entreprendrai pas même d'appeler à mon fecours l'intérêt particulier que la voix générale de la France femble promettre à fa Capitale, au féjour du Roi, de l'Affemblée-Nationale, de fix-cents mille hommes, à qui les circonftances locales refufent, en quelque forte, tous les moyens naturels d'exiftence ; mais je demande que la voix fecrette de la défaveur ne foit pas admife à plaider contre moi dans le tribunal du cœur, quand je ferai entendre la voix de la vérité au tribunal de l'efprit. Si j'écarte les témoignages de l'habitude, de l'expérience, du paffé, loin de nous auffi les preftiges de la nouveauté, du fyftême, de l'avenir, c'eft-à-dire, pour un homme fage, d'un *peut-être*, dont s'amufe l'imagination complaifante, quand la raifon févère cherche vainement la certitude de la réalité.

Paris confervera-t-il l'adminiftration dont il a joui, jufqu'apréfent, fur la Seine & autres rivières, canaux ou ruiffeaux y affluens ? La confervera-t-il, dis-je, non pas comme Paris, mais comme fpécialement délégué, ou comme premier agent de l'adminiftration générale, pour furveiller & diriger les opérations habituelles & journalières qui tiennent directement & immédiatement au flottage & tranfport, par eau, des bois & charbons deftinés à fes approvifionnemens ; l'ouverture & clôture des éclufes, vannes & pertuis, leur entretien & réparation, ainfi que des autres ouvrages établis fur les rivières, pour la conduite, arrêt & tirage defdits bois, enfin la conduite & police des trains & bateaux, en ce qui concerne la fûreté & la facilité de la navigation, & les fecours dont elle a généralement & continuellement befoin ?

Sera-t-il établi à Paris un tribunal uniquement confacré aux caufes directement & immédiatement relatives à ces objets, avec un mode de fubdélégation quelconque dans les différens chefs-lieux de la navigation & du commerce des bois & charbons ?

La première de ces deux propofitions eft l'objet capital de ce Mémoire. Je la difcuterai comme un article de néceffité rigoureufe, fous tous les rapports, capables de conduire à une démonftration. Je traiterai la feconde comme un acceffoire de grande importance, mais plutôt comme un objet de confidération fpéciale, que comme un point de conclufion abfolue ou de demande formelle; parce que je crois pouvoir prouver invinciblement, par rapport à l'adminiftration, qu'il n'y a pas deux moyens pour parvenir au but ; au lieu que, quant à la jurifdiction, j'ignore s'il n'exifteroit pas abfolument un autre mode dont on pût attendre les mêmes réfultats.

Eft-il poffible que Paris foit approvifionné fans l'adminiftration que je demande ? Le commerce a-t-il effentiellement befoin que Paris la conferve, pour fe foutenir lui-même ? La navigation a-t-elle d'autres moyens pour maintenir fon activité ? La nature des chofes permet-elle que cette adminiftration foit partagée entre plufieurs autorités ? La Pétition que je forme contrarie-t-elle les droits de la Nature & de la Société ? Peut-elle nuire aux intérêts de quelqu'un ? Ceux dont l'amour-propre pourroit être tenté de s'y oppofer, conviennent-ils qu'elle eft jufte, néceffaire, auffi avantageufe pour eux que pour nous ? Y confentent-ils ? Le demandent-ils ? Les Officiers Municipaux de la Ville de Paris font-ils porteurs, par une miffion expreffe auprès de l'Affemblée-Nationale, du vœu que l'expérience leur a fuggéré fur cet objet ? Telles font les queftions dont la folution fera tous les moyens de ma caufe.

Avant d'entrer en matière, je demande qu'on veuille bien écarter toute comparaifon avec des circonftances qui n'offrent aucune fimilitude.

Paris, fitué au bord de la mer, placé au centre d'un pays de forêts, baigné par des rivières navigables, dans la plus grande partie de leur cours; & Paris, loin de la mer & des forêts, alimenté par des rivières factices, que l'art feul peut ouvrir à la navigation, Paris, dis-je, & le commerce & la navigation ne peuvent être jugés fous les mêmes rapports, dans une fi prodigieufe difparité. Confidérons la nature même des chofes; c'eft-là que nous reconnoîtrons la première de toutes les loix, celle de la néceffité, celle du falut du Peuple, écrite avec les caractères de l'évidence. Je ne perdrai point, en difcuffions métaphyfiques, les moments que l'augufte Affemblée voudra bien accorder à des détails néceffaires. Je ne mettrai fous fes yeux que les tableaux des opérations du commerce & de la navigation; & je tâcherai de les rendre affez préfens à fes regards, pour qu'ils fuffifent feuls à déterminer fon jugement. Je les prendrai fur-tout dans l'Yonne & dans les rivières affluentes, parce qu'elles fourniffent la plus grande partie de notre confommation; & que, du plus au moins, il fera facile d'en faire l'application à la Seine & aux rivières qui lui apportent leurs eaux. Et je m'occuperai fpécialement des bois flottés en trains; parce que cette efpéce fait les deux tiers de notre confommation, fans qu'il y ait aucun moyen d'y fuppléer, attendu la nature & l'éloignement des lieux qui fourniffent notre approvifionnement.

Les bois que le Morvan nous envoye defcendent de cette chaîne de montagnes par des ruiffeaux, pratiqués de main d'hommes, pour recevoir la chûte des pluies & la fonte des neiges. On les flote à bûches perdues, c'eft à-dire qu'on les abandonne au cours des ruiffeaux, qui les portent ainfi dans les rivières du canton, où, après avoir été relevées & reffuyées pendant un an, on les rejette de la même manière, pour les relever une feconde fois; on les empile en maffe (1); on les trique (2); on les met en état (3); enfin, on en fabrique des trains, fuivant la profondeur de l'eau qui doit les porter. Cette année, le défaut de neiges, & la continuité de la féchereffe ayant fait manquer les flots des ruiffeaux du Morvan, on a été obligé de flotter, en trains, le bois neuf de toutes les forêts, qui avoifinent la partie fupérieure

---

(1) C'eft-à-dire, indiftinctement.

(2) Le tricage eft l'opération par laquelle on fépare les bois appartenans à chaque Marchand, dont la marque eft imprimée d'un coup de marteau fur chaque bûche, avant de la jetter à flot.

(3) *Mettre en état*, c'eft établir fur le chantier un théâtre qui, fuivant fa hauteur & fa longueur, contient tel ou tel nombre de cordes.

5

de ces rivières; c'est-à-dire, de consommer la provision de l'année
prochaine, faute d'avoir pu faire arriver aux ports flottables les
bois destinés à celle de cette année.

Les rivières ont souvent besoin d'être curées. Plusieurs même
sont sujettes à un inconvénient majeur; il se trouve dans leur lit
des roches nombreuses, qu'il faut détruire, parce-qu'elles retardent
la marche des bûches qui nagent, les écorchent, les font dériver
de leur route, d'où il résulte qu'une partie fait canard (1), &
qu'une autre s'arrête dans la vase, au bord des rives, en sorte
qu'il y a perte du quart, du tiers, quelquefois même de moitié
de l'approvisionnement, & qu'enfin ce qui arrive, vient quelquefois
trop tard, ne peut plus être mis en train pour descendre à Paris,
parce-que les eaux sont trop basses; ce qui, pour un seul jour
perdu, rejette le produit d'un flot à l'année suivante. Le même
inconvénient se rencontre aussi dans les flots des ruisseaux. Si l'on
manque le moment de leur crue, pour y jetter les bûches; 1°. Il
y en a un grand nombre qui n'offrent pas un second flot dans
l'année. 2°. Si on la prend un peu trop tard, leur cours, devenu
trop lent, rend le bois dans les rivières, lorsqu'elles sont baissées,
&, par conséquent, lorsqu'elles ne peuvent plus les charier assez
vite, & il en résulte tous les dégats que je viens d'exprimer.

Ces ruisseaux ont besoin d'être alimentés par des étangs factices, c'est-à-dire par des espéces de réservoirs, où l'on rassemble
en masse les eaux des pluies ou des neiges, pour les distribuer à
propos dans les rigoles destinées au flottage; comme les rivières
ont besoin d'être entretenues, par le moyen des écluses, dont on
parlera bientôt.

Pour retenir les bûches ainsi jettées, il faut établir des arrêts
aux différens ports; il faut les entretenir & les réparer à grands
frais. Ces opérations, & celles qui sont nécessaires pour l'entretien,
réparation, ou reconstruction des vannes, pertuis & digues exigeant

____

(1) C'est-à-dire, plonge & reste au fond de l'eau.

qu'on intercepte la navigation par des batardeaux , ont befoin
d'être combinées de manière à ne pas concourir avec les tems du
flottage , & fouvent d'être interrompües elles-mêmes tout-à-coup ,
lorfqu'un flot , hors de faifon , vient remplacer inopinément celui
que la féchereffe avoit refufé au commerce , dans les époques
ordinaires.

Il faut fufpendre quelquefois le flottage des trains, ou la def-
cente des bateaux dans le moment du flottage , à bûches perdües,
pour leur laiffer le cours des rivières entièrement libre , à caufe
des inconvéniens qui réfulteroient du retardement ou de la dévia-
tion , & que j'ai déjà détaillés.

Il faut fouvent encore , à mont ou à val d'une île , & quelquefois même en plein lit de rivière , établir des digues légères , pour
repouffer fur un côté l'eau qui , en s'épandant fur une trop large
furface , ou en fe divifant en plufieurs bras , fe refufe par-tout à
la navigation ; & , fi cette opération , que le befoin d'eau commande diverfement , felon les diverfes circonftances des tems &
des lieux , n'eft pas faite avant l'époque des flottages ; fi la connoiffance des lieux , l'expérience des années , n'a pas mis celui
qui dirige toute la machine en état de prévoir les événemens , &
de les dévancer par de fages précautions , ou s'il peut être arrêté
dans fa marche , par une multiplicité de refforts indépendans , le
mal fond fur lui tout-à-coup , & c'eft en vain qu'on cherche des
remédes dans les efforts humains , toujours trop foibles contre les
grands mouvemens de la Nature.

Éclufes. Il eft effentiel de fe fouvenir que les bois , les feuls bois qui
puiffent fuffire à notre confommation , qui , par la Nature même,
y font comme néceffairement deftinés , puifqu'ils n'ont point d'autres
débouchés , & qu'avant d'être attirés ici , par nos befoins, on les
brûloit fur place , faute d'emploi ; que ces bois , dis-je , font fitués
vers les fources & les parties fupérieures de rivières , que la nature
n'a pas rendu navigables ; l'eau , dans la plus grande partie de leur
cours , y eft habituellement trop baffe , même pour les petits
bateaux , & leur profondeur n'eft prefque jamais de mefure avec

les trains ou les bateaux de tranfport ; il faut y fuppléer , prefque
toute l'année , par des vannes ou pertuis , qui , en retenant l'eau ,
pendant un certain tems , dans le lit fupérieur , la forcent d'abord
de s'élever à la hauteur néceffaire aux bateaux qui y nagent , & ,
s'ouvrant enfuite à propos , fourniffent , à fon tour , au lit inférieur
l'abondance dont les bateaux auront befoin , pour un certain nombre
d'heures , & un certain efpace de chemin. C'eft pour cela que
je les ai juftement appelées des *rivières factices.* Or , nous allons trouver , dans le nombre , la diverfité & la combinaifon de toutes les
opérations relatives à cet objet , une démonftration évidente de ce
que j'ai avancé : qu'il eft indifpenfablement néceffaire que l'enfemble
& les détails de cette adminiftration foient confiés à une feule &
même autorité.

Les retenues fe pratiquent à l'extrémité d'une racle , c'eft-à dire
d'un baffin où l'eau a plus de profondeur , pour alimenter , par
une crue momentanée , les baiffiers ou bas-fonds qui fe trouvent
au-deffous. Tout lieu n'eft pas propre à les établir. Il faut que ,
dans l'endroit même qu'on y deftine , & jufqu'à une certaine diftance au-deffus , les berges foient affez élevées , pour préferver les
terres riveraines de l'inondation , ou qu'on y fupplée par des
moyens artificiels , comme des digues ou déverfoires. Or , la partie
fupérieure de la rivière , & la partie inférieure, qui a befoin d'être
alimentée par cette retenue , ou la rivière , dans laquelle elle va
porter cette abondance momentanée , ne font pas toujours dans le
même Diftrict , ni dans le même Département. Et il eft très-poffible ,
& il eft vrai , dans le fait , qu'en plufieurs cantons , les habitans du
deffus ou du deffous , ont , à cet égard , peu d'intérêts communs ,
quelquefois même des intérêts oppofés. Et dès-lors , comment fe
concilieront-ils pour la conftruction , pour l'entretien & pour le gouvernement de ces objets , s'il n'y a pas une autorité commune ,
qui paffe pour le bien général , par deffus les prétentions égoïftes
des uns & des autres ?

Ce n'eft pas affez qu'il y ait des retenues. Il faut que leur clôture
& leur ouverture foient réglées d'une manière convenable ; le prin-

cipe général doit fe prendre dans la proportion de ce que fournir chaque rivière affluente avec la partie de la rivière principale, où fe fait le plus grand commerce, & qui porte les plus gros bâtimens. Et cet apperçu fuffit pour établir la néceffité d'une autorité qui dirige tous les mouvemens partiels, par une adminiftration générale. La bâfe première eft dans la rivière principale. Elle paffe elle-même par plufieurs Départemens, & les rivières qu'elle reçoit font encore éparfes fur plufieurs Départemens étrangers. Comment donc établira-t-on l'harmonie néceffaire au bien général, fi les ordres donnés çà & là partent de points ifolés, & d'autorités fans rap-port, fans dépendances mutuelles, fans inftructions communes, & fans intérêts communs ? Dans les grandes féchereffes, il faut aller chercher les eaux jufqu'aux fources des rivières & même des ruif-feaux. Dans les eaux moyennes, cet emprunt eft au moins inutile, & peut même être nuifible. Mais la rivière principale peut fe groffir de fes propres eaux, tandis que les rivières affluentes fe tariffent par une féchereffe locale ; & j'ai vu, au contraire, l'Yonne réduite à moins de fix pouces, tandis que telle ou telle rivière qui s'y jette, l'Armançon par exemple, éprouvoit fubitement une crue confidérable.

Dans les eaux moyennes, où la marche femble plus facile à concerter, il faut cependant encore un point central, d'où par-tent tous les ordres. Les retenues ne peuvent ni fe fermer ni s'ou-vrir, aux mêmes heures. Il faut fuivre la proportion du befoin, & mefurer les tems & les diftances. L'eau marche avec d'autant plus de rapidité qu'elle eft plus haute. Si donc vous fourniffez trop d'eau dans un point, elle s'échappera trop vîte, laiffera le bateau, avant de l'avoir conduit où elle auroit dû le mener, en coulant plus lentement ; & parce qu'elle aura devancé, par fa rapidité, l'éclu-fée d'une autre rivière, avec laquelle elle auroit dû fe rencontrer, celle-ci, privée du flot qui devoit co-incider avec elle, fe trouvera trop foible, & fe perdra, fans avoir rendu aucun fervice à la navigation. Il y a donc, 1º, un ordre général pour le réglement des eaux, 2º, une progreffion d'heures indiquée par la diftance

du

du point de départ au point de rencontre ; 3°. Une variation nécessairement déterminée par la combinaison de la hauteur respec-
tive de chaque rivière affluente, & de celle de toutes les rivières
affluentes avec la hauteur de la rivière principale. Or, je demande
comment on peut concevoir, que l'harmonie s'établisse & se main-
tienne dans des opérations qui en ont si essentiellement besoin,
quand les ordres & les contre-ordres partiront d'une multitude
d'autorités indépendantes de Départemens, de Districts, de Municipalités.

Ouverture &
clôture des vannes
& pertuis.

Les écluses ne s'ouvrent pas toujours dans le même sens. . . . Si
la rivière, où la navigation a besoin d'être favorisée par le supplément des écluses, sur-tout, si la rivière principale se trouve
à la fameur, c'est-à-dire après l'écoulement des éclusées, réduite,
par exemple, à six pouces de profondeur, les retenues d'eau doivent s'ouvrir d'amont-aval, c'est-à-dire en commençant par les
écluses du dessus, pour ouvrir successivement les écluses du dessous ;
autrement les écluses inférieures, destituées du secours des eaux
supérieures, ne fourniroient pas une richesse suffisante à la pauvreté
de la rivière dans la partie de son lit où la navigation se fait avec
les plus gros bâtimens. Il faut alors que toutes les forces partielles
se doublent ou se triplent dans chaque rivière affluente, pour se
réunir, à un point commun, dans le lit de la rivière principale,
& l'élever, par l'affluence de leurs eaux confondues, à la hauteur
que son commerce exige.

S'il arrive que la fameur donne dix-huit pouces, il faut com-
mencer par les écluses inférieures, selon leur distance diverse de
la rivière principale, & leur dégré d'éloignement respectif dans
chaque rivière affluente, combiné avec la quantité & la vitesse de
l'eau que chacune d'elles peut fournir. La raison en est sensible.
La rivière n'a besoin alors que d'un supplément bien moins con-
sidérable : les écluses voisines peuvent le lui donner ; l'eau qu'on
iroit chercher aux lieux les plus éloignés se feroit trop attendre
pour les bateaux qui peuvent s'en passer ; les écluses supérieures,
succédant immédiatement aux écluses du dessous, qu'elles rem-

B

placent, propagent l'abondance, la perpétuent pendant un plus long efpace de temps, & fourniffent aux bateaux le fecours néceffaire pour une plus longue route. Si, dans cet état de chofes, on intervertiffoit l'ordre que je trace, & dont le fignal, comme on le voit, doit toujours partir d'en bas, premièrement, on nuiroit à la navigation actuelle; parce que l'eau, inutilement furabondante, croiffant de viteffe, en proportion de fa quantité, abandonneroit les bateaux avant de les avoir conduits à leur deftination; fecondement, on préjudicieroit à la navigation future, parce que l'eau, inutilement perdue la veille, ne fe retrouveroit pas le lendemain, attendu que chaque fource ne fournit, dans un temps donné, qu'une quantité conftante; & que, par conféquent, la dépenfe anticipée ne peut fe remplacer qu'après une époque déterminée, fuivant la faifon ou les circonftances des temps & des lieux : ce qui fait que, fur toutes ces rivières, la navigation ne s'exécute qu'avec des interftices d'un, de deux, même de trois jours; pendant lefquels les bateaux portés par une première éclufée, font obligés de demeurer en repos, pour attendre l'éclufée fuivante.

Hé bien! je le demande : ces ordres qui doivent faire mouvoir tant de refforts épars fur les territoires de plufieurs Départemens, d'un grand nombre de Diftricts, d'une multitude de Municipalités, & qui doivent les remuer avec autant de célérité, de précifion, de concert que les manœuvres d'un vaiffeau, comment pourront-ils être donnés avec uniformité? Comment pourront-ils fe répondre avec jufteffe, lorfqu'ils partiront de points ifolés; lorfqu'ils aboutiront à des points indépendans l'un de l'autre? Qu'on m'apprenne, fi quelqu'un le fait, le moyen d'empêcher que les Départements, les Diftricts & les Municipalités, exerçant l'adminiftration fur les diverfes rivières, ou les diverfes parties d'une même rivière, ne faffent ouvrir ou fermer à contre-temps, fur les follicitations des négocians ou des mariniers de leur canton, intéreffés à fe devancer refpectivement, ou même à occafionner une embâcle favorable à des fpéculations de cupidité!

Quand les rivières feront obftruées par l'effet de quelque mél'intelligence entre ces diverses autorités, ou d'une intrigue ou même de l'impéritie d'hommes tels qu'on en trouve aujourd'hui dans plusieurs administrations, qui ne savent ni lire ni écrire, & sont réduits à tracer une croix pour signature, quand les bois, les vins, les foins se trouveront surpris par les grosses eaux ou les glaces; quand l'approvisionnement de charbon pour une année entière sera coulé à fond, comme en 1774, malheur dont on éprouve encore aujourd'hui les suites fâcheuses, & qui nous menace d'une disette peut-être très-prochaine; quand toutes les manufactures languiront, quand les citoyens mourront de froid & de faim, (car on ne vit pas sans bois & sans charbon) quelle proportion la Loi mettra-t-elle entre l'existence de six-cents mille hommes, compromise par les fautes des Administrateurs dont je parle, & des indemnités pécuniaires auxquelles on pourroit les soumettre. Comment statuer même sur des délits qui pourront être couverts par mille & mille prétextes d'erreurs personnelles ou de fautes étrangères. A qui s'en prendra-t-on entre tant de personnes qui se rejetteront l'une sur l'autre sans que qui ce soit, sans qu'eux-mêmes peut-être puissent discerner la vérité au travers de la multiplicité, &, par conséquent, de la confusion des ordres mal-donnés ou mal-entendus ou mal-combinés.

Je dis plus; qu'on m'amène un homme instruit sur ces matières, & qu'il me montre un moyen par lequel on puisse seulement imaginer que les différentes personnes chargées de ces opérations dans les divers cantons des Départemens ou des Districts viendront à bout de se communiquer journellement les diverses circonstances des lieux & des temps, de se consulter sur leur vœu respectif, & de se concerter, enfin, pour réunir tant de volontés éparses, sur un centre & pour un effet commun. Combien faudra-t-il d'hommes en mouvement pour disséminer les instructions & recevoir les ordres; combien d'allées & de venues, pour s'expliquer sur des mal-entendus, ou se concilier sur des contrariétés! Quelle complication de ressorts, pour ne servir qu'à embarrasser le jeu de la machine! Combien de pas, & sur-tout, combien de temps perdu, & de temps souvent irréparable dans les sécheresses, & bien plus encore dans un commencement de groffes eaux, ou à l'approche des glaces, lorfque le retard d'un jour peut tout perdre fans reffource.

Il eft, je penfe, démontré que les ordres qui doivent commander ces opérations, ne peuvent partir que d'une feule & même adminiftration. Portons nos regards fur l'exécution, pour nous convaincre qu'il faut encore que ce foit la même autorité qui la dirige jufqu'à fon terme. Ce n'eft pas affez d'avoir raffemblé dans les rivières une quantité fuffifante d'eau; il faut encore pourvoir à ce que les trains & les bateaux de bois ou de charbons ne foient pas fabriqués ou chargés de manière à tirer plus d'eau qu'ils n'en doivent trouver avec les fupplémens des éclufes. Or, j'établis ici comme une propofition inconteftable que l'ordre relatif à ces objets exige encore l'unité d'une adminiftration, à laquelle tout ce qui tient à ces deux branches de commerce foit fubordonné d'une manière légale, marchands, entrepreneurs de flottage, mariniers, ouvriers-fabricateurs, &c.

Il faut fouvent fe tranfporter dans les différentes forêts, pour faire fortir à propos des ventes, & faire conduire fur les bords des ruiffeaux & rivières flottables, les bois deftinés à cette efpèce de tranfport, ou pour diftribuer fur les différens ports les produits des flots, fuivant la combinaifon des befoins & des diftances, ou pour envoyer fur les ports les bois neufs qui doivent être chargés fur les bateaux, de manière à pouvoir les faire partir auffi à propos pour leurs deftinations diverfes. Or, cette combinaifon ne dépend pas feulement de la connoiffance des époques des flots & de l'activité à les faifir; ce qui peut bien fe trouver dans les perfonnes commifes par chaque Diftrict ou chaque Département; mais elle exige, effentiellement & par-deffus tout, la notion certaine du rapport de l'approvifionnement actuel de la capitale & de fes befoins, avec la quantité de bois reftant dans l'univerfalité des ventes & des ports répandus fur plufieurs Départemens, & fur un plus grand nombre de Diftricts; à quoi il faut joindre encore la connoiffance de l'état actuel de toutes les rivières par où le tranfport aura lieu, & de tous les moyens poffibles de fuppléer à l'infuffifance de leurs eaux, avec l'autorité néceffaire pour les employer au befoin & à temps. Cela feul démontre ma propofition ; j'en appelle à tous ceux qui connoiffent ces détails par leurs yeux ; il n'y en aura pas un feul qui me contredife, fi fon intérêt particulier ne l'engage pas à combattre l'intérêt public, & la vérité atteftée par un foule de Municipalités des villes & des villages du haut pays qui ont exprimé par des délibérations authentiques ce que l'expérience leur a appris à cet égard.

L'intelligence & l'intérêt des marchands ne peuvent-ils pas fuffire à tous ces objets ? Et l'autorité dont je crois que leurs opérations ont befoin d'éprouver l'influence falutaire pour eux-mêmes, pour les propriétaires & pour nous, ne gêne-t-elle pas leur liberté ? Je pourrois répondre en un feul mot : ils demandent, ils engagent la ville de Paris à demander, en leur nom, le décret que je follicite. Mais il eft bon d'entrer dans quelques détails très-propres à répandre fur ma démonftration la lumière de l'évidence.

Le commerce de bois fe fait à Paris, fous des réglemens très-fages, pourvu que leur exécution foit confiée à des hommes intègres, intelligens, & déterminés, par l'amour de leur devoir, à s'inftruire eux-mêmes de tout ce qui a rapport à leur adminiftration, au lieu de fe réduire, par une ignorance volontaire & très-coupable, à dépendre fans ceffe d'agens fubalternes, fans qui ils ne fçavent rien, de qui ils n'apprennent que ce qu'il faut pour laiffer un champ toujours ouvert à la furprife, & par qui l'autorité eft véritablement exercée, puifqu'ils tiennent dans leurs mains la volonté de l'adminiftrateur incapable d'en avoir une qui ne lui foit pas fuggérée.

Ces réglemens ont été concertés avec des hommes très-inftruits ; avec les commerçans eux-mêmes qui les ont adoptés, & qui fe font foumis à leurs difpofitions, avec une pleine connoiffance & une pleine volonté ; point de compagnie, point de privilége excluſif ; &, quoiqu'en publie l'ignorance préfomptueufe, qui veut toujours apprendre aux autres ce qu'elle ne fçait pas elle-même, ou la méchanceté, qui profite de tout pour décrier ceux dont elle redoute l'incorruptibilité, la porte eft ouverte à quiconque veut faire entrer du bois dans Paris. J'ai dit qu'il n'y a point de compagnie, c'est-à-dire d'association instituée par l'autorité dont les individus partagent les bénéfices ou les pertes d'une entreprise commune. Chacun fait son commerce isolément, ou s'unit d'affaires avec tel ou tel négociant, suivant que leur besoin respectif ou leur confiance les y détermine, comme dans tout autre négoce; & cependant tous les particuliers se réunissent en société commune pour diriger, par une agence générale, toutes les opérations & toutes les dépenses qui seroient impraticables, ou excessivement onéreuses à chaque individu &, par un contre-coup nécessaire aux consommateurs. Tels sont, par exemple, les frais d'exploitation dans les ventes & sur les ports, & les dépenses nécessaires pour la facilité & la sûreté du transport sur les rivières, dont les agens du commerce des bois font chargés, au nom de tous, dans chaque canton, & qui se répartissent ensuite au prorata sur chaque individu. Par rapport aux rivières, la Ville de Paris va souvent au secours de ce commerce, ou par des avances, ou par une contribution de dépenses; & le résultat de cette espèce de pacte est la possibilité d'un effort commun, que l'expérience a plus d'une fois justifié dans des momens de crise où des forces particulières auroient nécessairement succombé. Et ce n'est pas avec le commerce de bois seulement que la Ville de Paris a cru devoir former & soutenir ces liaisons utiles. Elle en entretient de semblables avec la navigation, en général. L'une & l'autre s'en trouvent bien; ni l'une ni l'autre n'y renoncera de son gré; ni l'une ni l'autre ne verra cette communication rompue, sans un grand détriment; & les Villes & les Districts & les Départemens n'auront jamais ni les facultés pécuniaires, ni les autres moyens pour s'opposer aux maux qui en résulteroient, comme je le prouverai dans la suite. Il n'y a donc point de liberté violée, parce qu'il n'y a que l'exécution d'un traité également avantageux aux parties contractantes, & dont les conditions sont sanctionnées, d'après leur vœu commun, par des dispositions légales. Voyons les deux autres articles.

L'intelligence des négocians peut-elle suppléer aux moyens de l'adminiftration ? Je dis hardiment & affûrément : Non. Car, 1°., fur beaucoup d'objets, il faut des ordres antécédemment donnés, des mefures antérieurement prifes par l'adminiftration. Telles font les ouvertures des vannes ou pertuis, pour le paffage des bois flottés à bûches perdues ; les barrages ou arrêts volans, pour les empêcher de tomber dans les biez des moulins, c'eft-à-dire les canaux qui conduifent aux roues ; l'établiffement des grands arrêts, pour les retenir fur les ports ; &, enfin, l'interruption de la navigation, pour leur laiffer la pleine liberté de la rivière : toutes difpofitions qui, tenant à l'ordre public, dépendent de l'adminiftration, à qui les opérations fubféquentes fe trouvent néceffairement fubordonnées. Indépendamment de ce que je viens d'expofer, il y a beaucoup de chofes qui fe font néceffairement en commun ; le jet des bûches perdues, le tirage, empilage en maffe, tricage, mife en état, objets fur lefquels chaque négociant ne peut veiller, ni par lui-même, ni par un agent particulier, & fur lefquels il lui eft infiniment plus fûr, plus prompt, plus avantageux de s'en rapporter à l'adminiftration, qu'à toute autre agence commune ou particulière, toujours trop foible contre un grand nombre d'hommes réunis loin de la loi, qui fe rapproche d'eux par la préfence de l'autorité adminiftrative.

Et, quand même on fuppoferoit qu'inftruit par fes fautes & par fes malheurs, chaque négociant arriveroit enfin à un dégré d'ex-périence, pour lequel il faudroit à chacun d'eux un nouvel appren-tiffage, toujours au détriment de la chofe publique, autant qu'à fes propres dépens ; dans quelle légiflation établira-t-on en prin-cipe qu'une fociété de fix ou fept cents mille hommes peut être regardée comme une âme vile, fur laquelle un empyrique ofe fe permettre une épreuve de vie ou de mort. Car il ne faut pas perdre de vue qu'il s'agit ici d'objets d'une néceffité rigoureufement première.

J'ai déjà dit, au furplus, que Paris n'eft pas le feul objet de ce mémoire. Si tout ce qui exifte, depuis la fource des rivières des pays hauts jufqu'à nous, a les mêmes befoins que nous, & vit, cômme nous, du commerce des rivières, par la vente, l'exploitation, le tranfport ou la confommation ; il eft évident que les loix adminiftratives, fans lefquelles ce commerce ne peut exifter, leur font auffi néceffaires qu'à nous, & qu'en les établiffant, loin d'établir en faveur de Paris un privilége qui déroge aux loix communes, on ne fera que leur obéir ; puifque les loix communes font faites pour le falut commun de tous.

Je reprends donc ; &, après avoir prouvé qu'on ne peut pas s'en rapporter à l'intelligence des négocians fur ces objets, j'ajoute que l'activité & la fagacité de l'intérêt perfonnel ne fuffifent pas à beaucoup près, pour tranquillifer l'adminiftrateur qui ne doit jamais, s'il eft poffible, laiffer rien au hafard, quand il s'agit de la vie de ceux qui lui ont confié un fi précieux dépôt. J'ai montré d'abord beaucoup d'objets qui ne dépendent pas d'eux. J'en ai préfenté plufieurs fur lefquels l'expérience leur a appris qu'ils avoient befoin que l'adminiftration travaillât pour eux. Portons nos regards fur d'autres détails qui vont nous préfenter un nouveau dégré d'évidence.

Le négociant calcule fur deux principes, pertes à éviter, profits à fe procurer ; & c'eft d'après cela qu'il dirige fes entreprifes. Il ne fera donc jamais de dépenfes pour s'ouvrir une nouvelle branche de commerce, quand le réfultat ne fera pas en proportion de la mife de fonds. Quelque foit la perte effective des matières, ou l'altération des qualités, occafionnées par le mauvais état des rivières, ou la difficulté de certains paffages, il ne fera point de dépenfes pour y remédier, fi le bénéfice qui doit en réfulter pour lui n'eft pas dans la proportion que le commerce fe propofe. C'eft donc à l'adminiftration, & fur-tout à celle qui en fent le befoin perfonnel, à faire, fur ces objets, ce que l'intérêt des négocians ne les engage point à défirer, & que peut-être il les engage au contraire à ne point vouloir.

L'intérêt des négocians eft double : par rapport aux propriétaires il peut leur fembler utile de laiffer les bois dans les ventes ou fur les ports, pour acheter à meilleur marché, en opérant l'apparence de la furabondance ; & par rapport aux confommateurs pour vendre
plus

plus cher en leur montrant l'apparence de la difette. L'adminiftration remédie à ce double inconvénient par des mefures pro-
portionnées aux circonftances ; & cela fans violer la liberté de ceux
qui s'y foumettent , & veulent de concert recevoir fes ordres ,
parce que , s'il fe trouvoit parmi eux un certain nombre d'hommes
moins honnêtes , ils favent combien leurs fpéculations pourroient
devenir funeftes aux propriétaires , aux confommateurs , & même à
ceux des négocians qui exercent leur profeffion avec loyauté. L'adminiftration , dis-je , y remédie , & l'adminiftration feule peut y
remédier, en préparant & en effectuant à-propos le départ des bateaux
& des trains ; & , comme je l'ai établi précédemment , & ce qu'il eft
effentiel de fe rappeller , l'ordre , dont la juftice & la convenance
doivent être déterminées par le grand nombre de combinaifons que
j'ai préfentées , ne peut être donné que par une feule & même
autorité.

L'intérêt des marchands eft , en général , de diminuer les frais de
tranfport , & , par conféquent , de faire voiturer leurs marchandifes
à plus fortes charges ; & comme il eft impoffible, ni qu'ils foient
fur les lieux pour juger eux-mêmes , ni qu'ils foient inftruits des
changemens furvenus dans l'état de chaque rivière pour donner
à tems des ordres bien combinés , ou changer ceux que la circonftance rendroit impraticables , il faut & ils défirent , parce qu'ils en
fentent la néceffité , que leur volonté foit fuppléée par une adminiftration qui , préfente fur tous les lieux à la fois par les rapports de toutes les parties au centre du cercle , juge en connoiffance de caufe & ordonne pour le bien de tous.

L'entrepreneur de flottages doit être vu fous le même rapport ;
lorfqu'il a fait fon marché avec les marchands , il lui importe d'éco-
nomifer fur les dépenfes en employant le moins d'hommes & d'é-
toffes poffible , & , par conféquent, en faifant conftruire fes trains au
plus de hauteur poffible ; car on flotte à différentes hauteurs dans
les différentes rivières , & dans les diverfes faifons fur les mêmes rivières ; or , jufqu'ici , fon intérêt n'a pu l'éclairer de manière à lui ôter
l'envie de flotter plus haut que les eaux ne le permettent ; & , tous les

Conftruction des
bateaux & des
trains.

C

jours, l'adminiſtration a beſoin d'intervenir pour faire rétablir la proportion des trains avec la hauteur des rivières. L'entrepreneur même,
en le ſuppoſant parfaitement éclairé ſur cette eſpéce d'intérêt combiné
avec les circonſtances, ne peut éviter que l'ouvrier conſtructeur ne
le trompe, ou par intérêt, ou par habitude. Car, comme la conſ-
truction des trains s'entreprend néceſſairement à raiſon de la corde,
& qu'il ne faut pas plus d'étoffes, c'eſt-à-dire de chantiers & de
rouettes pour conſtruire un train à quarante pouces de hauteur qu'à
vingt-deux, il eſt évident que le faiſeur de flottages gagne dou-
blement en conſtruiſant à plus de hauteur, & ſur la quantité d'é-
toffes, & ſur les journées des compagnons, des garniſſeurs, & des
tordeuſes. Ce ſont là des objets de détail qu'on ne peut entendre
qu'en voyant par ſes yeux ; mais j'ai voulu les connoître, & j'ai
vu, que tous les jours, l'adminiſtration eſt obligée de preſcrire les
dimenſions des conſtructions qu'on ne manque jamais d'excéder, ſi
les ouvriers ne ſont pas retenus dans les limites néceſſaires, par une
ſurveillance continuelle ; & nous jugeons, par cela ſeul, & nous
allons juger encore mieux, dans l'article ſuivant, combien il eſt important que l'adminiſtration faſſe, ſur ces divers objets, tout ce que
les marchands, les entrepreneurs de flottage, les mariniers, les
ouvriers conſtructeurs ne ſauroient, ne voudroient ou ne pourroient pas faire d'après leur propre aveu ; & combien il eſt eſſentiel
que cette adminiſtration ſoit une, pour empêcher que diverſes autorités par ignorance, par indifférence, par intérêt ou par ſyſtème, en
ſuivant ſur ces objets une marche inégale, ne donnent lieu aux ac-
cidens dont l'article ſuivant nous forcera de préſenter le tableau.

Conduite des
eaux & des ba-
teaux.

Nous avons vu raſſembler les eaux dans le lit de la navigation ;
nous avons vu mettre à flot les trains & les bateaux. Il faut maintenant ſuivre & les unes & les autres juſqu'à leur deſtination : &
quand je dis ſuivre, ce n'eſt pas un terme figuré pour déſigner les
ſoins de vigilance & de ſecours. C'eſt au pié de la lettre qu'il faut
prendre l'expreſſion. C'eſt véritablement & dans la perſonne de ſes
agens immédiats qu'il faut que l'adminiſtration ſe porte à l'origine
de la navigation, pour ſurveiller l'exactitude de ceux qui ſont chargés

des éclufes, pour donner les ordres néceffaires au départ des eaux, pour partir avec elles, monter fur les bateaux, & diriger leur route jufqu'aux lieux où ils peuvent être abandonnés à un canal affez profond pour n'avoir plus befoin de fecours étrangers.

Cet article doit être confidéré fous deux points de vue, dans l'état ordinaire des chofes, & par rapport aux événemens, qui, fans être habituels, fe repréfentent néanmoins trop fréquemment pour être regardés comme des phénoménes dont la loi générale ne devroit pas s'occuper. Telles font les grandes fécherelles, les glaces, ou les groffes eaux. Entre les foins ordinaires, il faut compter çelui de faire arrêter & ranger les bateaux ou les trains au-deffus des éclufes pour y attendre tous ceux qui doivent profiter du moment où elles s'ouvrent, & d'empêcher qu'en obtenant une ouverture anticipée en faveur du négociant du Département, du Diftrict ou du Canton, on n'enlève aux navigateurs plus éloignés l'eau fur laquelle ils avoient droit de compter, ou que les mariniers, en voulant fe dévancer l'un l'autre, n'obftruent le lit de la rivière, n'embarraf-fent leurs manœuvres refpectives, ne perdent dans ce défordre le moment favorable; &, ce qui eft encore plus fâcheux, faute de pou-voir bien prendre le cours de l'eau qui fe précipite avec la viteffe d'un torrent n'embarbent, c'eft-à-dire, n'enfilent mal, & n'enféveliffent inévitablement fous les eaux leurs marchandifes & leurs perfonnes. Et, pour donner une jufte idée à ceux qui n'ont point été témoins d'un fpectacle qu'on ne peut contempler fans frémir, & pour me défendre du foupçon d'une exagération dictée par l'intérêt de ma caufe, permettéz, Meffieurs, que je vous place, un moment, avec moi à l'entrée d'une vanne ou d'un pertuis, où le faut de l'eau fera de cinq à fix pieds de hauteur perpendiculaire, & comptez fur la racle du deffus, dans une eau moyenne, c'eft-à-dire, de trois pieds de hauteur, trente ou quarante trains ou bateaux en mouvement pour franchir le paffage terrible, où la vie & la mort ne font pas féparées de l'intervalle d'une feconde. La vanne s'ouvre; l'eau fe précipite fur l'enfonçure; les maffifs, qui épaulent la vanne, dif-paroiffent fous le flot, qui rejaillit à huit pieds de hauteur. Le

train , mal embarbé, heurte contre un maffif , ou pique fur l'en-
fonçuré ; le dernier coupon eft lancé fur le premier par la viteffe
de l'eau ; le train fe plie par le milieu , qui s'éléve à la hauteur
de quinze ou vingt pieds , fe brife, & tous ceux qui le fuivent,
entraînés par une impétuofité infurmontable , fe précipitent fur lui,
s'amoncélent l'un fur l'autre ; en un inftant la rivière eft couverte
de débris , & d'hommes luttans, prefque toujours vainement , contre
la mort. Peut-on abandonner, fans réferve & fans furveillance, de
femblables opérations à l'ignorance , à la témérité , à la jaloufie
d'hommes, fouvent brutaux , affez fouvent ivres , & dont l'infou-
ciance pour leur propre vie, eft portée à un tel dégré , que la plus
grande partie de ces hommes, qui paffent leurs jours fur la rivière,
ne fait pas même nager.

La feconde opération confifte à faire garrer les bateaux & trains ,
que l'eau d'une éclufe abandonne après un certain trajet, pour
attendre un ou deux jours & quelquefois davantage , une nouvelle
éclufée , qui les mette en état de continuer leur route, fans leur
permettre, ce que la proximité d'une auberge ou d'un village , ou
même un mauvais calcul leur fuggéreroit fouvent , car on en a
l'expérience journalière, fans leur permettre , dis-je , d'entreprendre
de gagner un peu de chemin , en labourant fur un fable mou ,
parce qu'il en réfulteroit qu'au bout de quelque tems, ils demeure-
roient abfolument engravés , ne pourroient plus fe garrer , &, en
obftruant le cours de la rivière , fermeroient la route à ceux qu'une
nouvelle éclufée ameneroit enfuite , mais fans pouvoir les faire
paffer , faute de fuffire à relever le bateau ou le train profondé-
ment enfablé.

Il n'eft pas moins important de raffembler les mariniers à tems,
pour faifir le moment du départ, à l'arrivée d'une nouvelle éclufée,
pour laiffer la place libre aux bateaux qu'elle améne avec elle , &
qui , faute de lieu propre à fe fermer, c'eft-à-dire à s'amarrer, pro-
diliroient néceffairement le même inconvénient d'embacle que nous
venons d'expofer. Et ne croyez pas, Meffieurs, qu'on puiffe abfo-
ument s'en rapporter la deffus aux mariniers ; la plûpart d'entr'eux

font payés par voyage & par jour ; & il est presque impossible que
cela se fasse autrement, parce que la durée du voyage est incal-
culable ; spécialement dans les tems de sécheresse, & même généralement en tout tems, attendu la variation continuelle des vents,
& de l'état des rivières, dont quelques-unes ont, à cause de cela,
mérité le nom de *folles*, ou quelque dénomination équivalente.
Ainsi ils n'ont point d'intérêt particulier qui stimule leur activité ;
&, comme leur négligence causeroit un préjudice général, il est
indispensablement nécessaire que l'administration y veille pour le
bien de tous. Or, maintenant supposons que les ordres soient donnés successivement par les Départemens, les Districts, les Municipalités sur le territoire desquels passe la navigation ; & qu'on me
dise, 1°, quel intérêt pourra exciter chacun des agens de ces diverses
autorités à une surveillance, si perpétuellement, & si péniblement
active sur un commerce, dont les bénéfices, comme objet de vente,
& dont les avantages, comme objet de consommation, leur seront
également étrangers. Qu'on m'apprenne, en second lieu, quelle
influence ils auront sur des hommes qui ne les connoîtront point,
& n'en seront pas connus ; qui ne les reverront peut-être jamais,
&, par conséquent, n'auront rien à craindre ni à espérer d'eux ;
qui, n'offrant aucune prise à la loi, peuvent très-facilement demeurer inconnus à l'agent de l'administration locale, ou lui échapper
en un moment, ou le tromper en mille manières, sur les raisons
de hâter leur départ, ou de prolonger leur séjour, parce que, cir-
conscrit dans une sphère trop étroite, il ne pourra jamais décider
sûrement de ce qui se passe au-dessus ou au-dessous du rayon de
son arrondissement ; mais, si vous supposez, d'un bout à l'autre
de la navigation, cette autorité confiée à l'agent d'une seule &
même administration, il aura pour stimulant l'intérêt direct de ses
commettans, & celui de sa réputation, & celui de sa fortune,
subordonnés au premier ; il connoîtra l'état de toutes les rivières,
parce qu'il les parcourra toutes habituellement ; il jugera sûrement
des manœuvres justes ou fausses ; il saura, sans pouvoir être
trompé, tout ce qui tient à ce genre de commerce ; &, par

deſſus tout , il connoîtra tous les hommes qui ſont employés ſur l'eau , dans les ports , dans les forêts ; il aura ſur eux l'empire que lui donneront l'intérêt , & la confiance fondée ſur l'expérience de ſes lumières , & de la ſageſſe de ſes ordres ; & , d'un bout à l'autre des rivières , une parole de lui, ſa ſeule préſence feront plus que tous les Diſtricts, les Municipalités & les Départemens ne peuvent eſpérer, avec toute la force des loix , attendû que ſeul , au milieu de trente mille ouvriers , qui ont ſans ceſſe beſoin de lui , il n'a pas même beſoin de la loi , parce que l'opinion générale & l'intérêt de tous, lui ſoumettent , par une force invincible , la volonté de chaque individu. Arrêtez, Meſſieurs , je vous prie, vos regards , avec une attention particulière , ſur ce point de vue ; & ſouvenez-vous qu'il n'y a preſque point d'année où l'on n'ait beſoin pluſieurs fois de cette in-fluence active d'une ſeule volonté ſur un grand nombre de volontés; influence à laquelle la loi ne ſuppléa jamais , parce que ſa marche lente n'aboutit qu'à punir le mal , & qu'il faut une action rapide pour le prévenir. Que ſi la loi ne l'a jamais pu , comment le pourra-t-elle , lorſqu'en ſoumettant la navigation à une multitude d'autorités & de juriſdictions locales ; on aura établi autant de juriſprudences que de lieux, où , ſelon la diverſité des opinions , des lumières & des intérêts , les interprétations , & les explications diverſes mettront ſans ceſſe la loi en contradiction avec elle-même. Je m'attends bien à trouver des hommes qui , dominés par l'eſprit de ſyſtême ; ivres de préſomption , & toujours prêts à parler de tout, parce qu'ils ne ſavent rien , ne manqueront pas de m'objecter que cette crainte eſt chimérique , & qu'une fois la même loi établie par-tout, on ſera ſûr d'obtenir le même jugement par-tout. Je ne perdrai pas mon tems à leur repréſenter que cette prétention eſt une abſurdité , condamnée par l'expérience de tous les tems & de tous les pays; mais je leur dirai , ce qui ne ſouffre pas de réponſe, au moins dans l'auguſte Aſſemblée qui m'entend , c'eſt que ce ſyſtême d'uniformité de jugemens , dans un grand nombre de lieux divers , ſur une même matière , eſt un démenti formel donné à l'Aſſemblée Nationale. Car , ſi l'on ne devoit pas regarder cette

diversité de jugemens comme tenant essentiellement à l'esprit hu-
main, pourquoi l'Assemblée Nationale auroit-elle décrété des appels
de tribunaux à tribunaux, dans un même Département, dans une
même ville ? Et si, en les décrétant, elle a jugé d'avance ce que
je soutiens, qui osera prétendre, en sa présence, qu'on doive espérer, dans des milliers de jurisdictions, l'uniformité qu'elle a déclaré
impossible dans l'enceinte des mêmes murs. Cependant j'affirme,
sur le témoignage de mes yeux, & d'après les avis de tous ceux
qui ont quelque rapport avec nos rivières & nos bois, que ces
variations feront la ruine de la navigation & du commerce, en général, & de l'approvisionnement de Paris, en particulier ? Pourquoi, Messieurs ? C'est que toutes les opérations de ce genre sont
le résultat de pactes qui engagent les contractans depuis la première
vente jusqu'au lieu de la consommation, depuis le premier point
de départ de la navigation, jusqu'au dernier terme d'arrivée. Entre
ces deux extrémités, si les négocians, si les mariniers, loin d'avoir
la certitude absolue d'être dirigés par une administration, d'être
jugés par une jurisprudence constante dans leurs principes, sont,
au contraire, assûrés de trouver, sur tout leur passage, autant de
contrariétés que de lieux ; sur quelle bâse prétend-on faire reposer
leur confiance, pour contracter des engagemens, qui compromet-
tront à tous les hazards possibles, leur fortune, leur repos, &
souvent leur honneur ? Et comment ne voit-on pas qu'en ouvrant
la porte à des contestations interminables, à des complications de
procédures sans fin, à des conflits de jurisdiction éternels ; qu'en
introduisant l'incertitude où doit régner l'assûrance, la chicane où
doit présider la bonne-foi, la division où la concorde est essen-
tielle, la guerre, en un mot, où la paix seule doit créer la pros-
périté, les entrâves d'un procès où l'expédition d'un jugement
sommaire doit établir la liberté, on rend tous les engagemens chan-
celans, toutes les opérations dangereuses, tous les négocians timides ;
on les rebute ; on les ruine ; on les éloigne ; on désorganise la
machine qui fait mouvoir tous les ressorts de notre existence, de
la manière la plus irremédiable pour elle-même & pour nous. Un

autre vice radical, & non moins dangereux, de cette division de pouvoirs éparpillés sur tant de personnes, c'est de diminuer, sur chacune d'elles, la mesure de confiance & de déférence, en la partageant trop; c'est d'enhardir l'esprit d'insubordination; de provoquer les méchans à l'insurrection, en leur assurant un moyen perpétuel de s'appuyer d'une autorité contre une autre; c'est enfin de priver l'administration de la prépondérance que son unité lui donne, pour n'en revêtir aucune de celles qu'on appelle à partager ses dépouilles; d'où il résulte nécessairement que, dans les circonstances ordinaires, on fera souvent mal, comme nous l'avons prouvé en détail, & toujours moins bien, plus lentement, à plus grands frais; &, dans les temps de crise & dans les rencontres extraordinaires, on se sera ravi d'avance tous les moyens de prévenir les événemens, ou d'en triompher. Dans les temps ordinaires, combien de fois n'arrive-t-il pas qu'un train fatigué, appesanti a besoin d'être soulagé par un ou deux coupons de bois blanc? d'être soutenu par une prue (1), ou même d'être relevé tout-à-fait, pour être reconstruit après le temps nécessaire à la dessication du bois? Qui est-ce qui déterminera, en pareil cas, le marinier, qui certainement ne prendra pas sur lui la manœuvre & la dépense de retirer un train pour le reconstruire, si non celui qui, tenant tout dans sa main d'un bout à l'autre des rivières, peut l'y autoriser, & lui procurer tous les secours nécessaires, le plus promptement & au moins de frais possible? Combien de fois arrive-t-il, sur-tout amont d'une isle, qu'obligé de décrire une courbe, un bateau, vaincu par un coup de vent, ou égaré par un défaut de manœuvre, est forcé de donner sur un baissier; il va embarrasser la route, se tourmenter lui-même, parce qu'il est acoté à faux, peut-être finir par se briser & périr? Faut-il le décharger sur des alléges (2); ce qui, pour

____

(1) Lorsqu'un ou plusieurs coupons d'un train sont allourdis de manière à plonger, on choisit un coupon qui nage bien; on y enfonce un pieu droit, pardessus lequel ou fait passer une corde de hatre, qui va se lier aux coupons fatigués, & les souléve, en leur donnant un point d'appui.

(2) Bateaux plus courts, plus étroits & plus légèrement construits.

un

un bateau de charbon, occasionne une grosse dépense & un grand
déchet ? Tentera-t-on de draguer (1), pour lui ouvrir la route,
si le sol le permet ? Essayera-t-on de le cajoler, c'est-à-dire de
faire passer la poupe à val de la proue, pour lui fournir un peu
plus d'eau par le labourage (2) ? Ou bien faudra-t-il attendre le
secours d'une éclusée; &, en foulant l'eau par des bateaux, ou des
trains disposés à propos, lui en procurera-t-on assez pour se relever
lui-même, ou pour être arraché enfin par les manœuvres combinées des hommes, & par l'effort des chevaux ? Remarquons que,
dans cette opération, les coupons sont souvent séparés les uns des
autres, le train même quelquefois entièrement rompu, parce que
les étoffes sont déchirées, & les fonds des bateaux ouverts par la
dureté du tuf, ou les cailloux sur lesquels on laboure. Qui est-ce
qui se chargera des risques d'une telle manœuvre ? Qui est-ce qui
prendra sur soi d'ordonner une ou plusieurs de ces opérations,
lorsqu'elles ne pourront, ce qui arrive souvent, réussir que par
leur réunion totale ? Et qui est-ce qui s'assûrera de les réunir
toutes avec succès, si non celui qui, familiarisé avec toutes les
rivières, sçait parfaitement ce qu'il peut y hasarder; &, maître
des eaux supérieures qu'il gouverne, peut en combiner les secours
avec les forces des hommes & des chevaux, sûr d'en rassembler
toujours autant qu'il en veut; &, ce qui est le point capital, certain d'être obéi dans toutes les manœuvres qu'il ordonnera, malgré la peine & le danger, parce qu'il les partage souvent avec
ceux qu'il commande, & parce qu'ils ont déjà reçu de lui, ou
qu'ils en recevront bientôt les mêmes secours qu'il exige actuellement
pour d'autres.

Voulez-vous voir cette opération en grand ; représentez-vous
cent trains ou bateaux fermés à quinze ou vingt lieues au-dessus

---

(1) C'est ratisser la semelle ou le sol du lit de la rivière avec une sorte de
sarcloir, ou pèle coudée.

(2) On dit qu'un bateau *laboure* lorsque, faute d'eau, il ratisse, en marchant,
la semelle de la rivière.

D

d'un baiffier fitué dans un autre Diftrict ou dans un autre Département, qui, même avec l'eau des éclufes, ne permet pas la navigation dans un certain degré de féchereffe. Cependant le befoin
preffe, le paffage dangereux n'eft pas encore impraticable, avec
de grands moyens; mais il faut le franchir demain ou après. Dans
trois jours, le vent, la chaleur ou le hâle annoncent une impoffibilité abfolue.

Permettez - moi, Meffieurs, une comparaifon, qui n'eft peut-
être pas déplacée; car, c'eft ici véritablement un combat qu'il faut
livrer à la nature. Le général envoye fes ordres fur tous les lieux
de fa route; les hommes & les chevaux ont pris les devants; les
mariniers convoqués font raffemblés au pas difficile; les bateaux
difpofés à propos pour favorifer les manœuvres; les chevaux diftribués
fur les rives ou dans la rivière; les hommes, au milieu de l'eau, pour
biller (1) ou débiller (2), à l'inftant du fignal. Le général conduit
lui-même fa flotte, & dirige tous les mouvemens de fa petite armée.
La Drague a forcé le lit de prêter quelques pouces de plus aux
navigateurs. Une générofité bien placée remplit tous les cœurs de
confiance & de courage. Tout l'appareil des inftrumens eft développé; tous les efforts fe réuniffent. Les premiers bateaux enlevés
par la force des chevaux frayent, en labourant la route à ceux
qui les fuivent; & la flotte triomphante débouque, au milieu des
cris de joie & des applaudiffemens, dans un canal où rien ne lui
manquera déformais pour achever fa route.

Où trouvera-t-on tous les fecours néceffaires dans de pareilles
conjonctures, fi tous les cœurs ne font pas réunis d'avance autour
d'un feul homme, avec la volonté inébranlable d'entreprendre tout
ce qu'il ordonnera, & par conféquent avec une confiance qui ne
s'établit dans chacun des individus, que par l'opinion univerfelle,
& ne fe maintient que par leur expérience univerfelle & journalière?

---

(1) Attacher la corde à la courbe, ou palonnier des chevaux de trait.

(2) Détacher.

Qui ofera donner de pareils ordres, s'il n'eft pas affuré d'avance du degré d'empire que fa volonté feule a befoin d'exercer fur tant de volontés diverfes? Comment fe perfuader qu'un grand nombre d'hommes confentent à compromettre leur fortune fur la foi des ordres donnés dans le deffus de la rivière, s'ils ne font pas indubitablement affurés que les ordres correfpondans feront exécutés dans la partie du deffous ; & qu'en fuppofant même un contretemps imprévu, rien ne contrariera, rien ne retardera l'effet de ceux qui feront donnés fur le tems par la même autorité qui a donné les premiers? Car, de fuppofer que le concert, entre plufieurs Diftricts ou Départemens puiffe fuppléer à l'action d'un même agent; cela eft abfurde, non-feulement par les motifs qu'on vient d'expofer, mais encore & fur - tout parce que ce font-là de ces opérations qui doivent être ordonnées & exécutées fur-le-champ, comme toutes celles qui entraînent avec elles fur la rivière le danger des marchandifes ou des hommes.

En 1784, l'intrigue, l'ignorance ou les circonftances nous avoient réduits, à la crainte d'une grande & très-prochaine difette de bois ; & nous touchions à la débacle. Les agens de la Municipalité, qui n'avoient ceffé d'avertir du danger, arrivent à Paris, préfentent dans toute leur force, & le mal, & le remède. Ils repartent, munis des ordres néceffaires pour toutes les dépenfes que le moment exige. En un jour, tous les ports font peuplés d'ouvriers; tous les rivages couverts de chevaux; &, le huitième jour, ils amènent au port de la Tournelle cent cinquante trains ou bateaux, avec les premiers glaçons de la débacle. Or, maintenant, fuppofons l'autorité de l'adminiftration morcelée par Départements, par Diftricts, par Municipalités; fuppofons qu'il faut recevoir autant d'ordres divers ou contraires qu'on traverfe de territoires ; fuppofons qu'il faut dépendre des fecours que chaque adminiftration particulière voudra, pourra ou fçaura donner, au moment critique ; & qu'on me trouve un moyen pour que deux ou trois mille hommes veuillent bien s'engager au milieu de tant d'incertitudes, non-feulement le jour, mais la nuit, dans une route où une mal-adreffe, une erreur, un inftant de retard peut, à chaque pas, leur enlever la fortune & la vie.

J'ajoute que le commerce ne peut, en aucune manière, fe fuffire à foi-même dans de femblàbles circonftances. Une néceffité impérieufe le force à réclamer le fecours de l'adminiftration. Les années 84, 85, 88, ne font pas encore loin de nous, où, pour avoir manqué la crue du mois de Juin, quand on fe vit forcé de précipiter l'arrivage en Oĉtobre, cent quatre-vingts chevaux & des hommes fans nombre épuifèrent vainement leurs forces pendant trois femaines fans pouvoir conduire un feul train de Sens jufqu'à la Seine, & dans un efpace de quelques lieues l'approvifionnement de Paris coûta au gouvernement, fans compter les dépenfes faites par le commerce, cinq cent mille francs au moins de frais extraordinaires.

Que dis-je, Meffieurs, le commerce? A Dieu ne plaife affûrément que je me permette de concevoir ou de préfenter une idée défavantageufe fur aucun des négocians qui font aujourd'hui le commerce des bois & charbons. Mais vivons-nous donc dans un pays où les fpéculations d'un certain genre doivent être regardées comme étrangères. J'ai bien peur, au contraire, que l'expérience ne nous force de penfer qu'elles n'y font que trop naturalifées. Hé bien, Meffieurs, fuppofons un gros négociant, une fociété qui veuille ou caufer un renchériffement par la difette, ou faire avorter les opérations des autres commerçans pour fe procurer un débit plus rapide de fes approvifionnemens; & je vous montrerai la place, & je vous indiquerai par quelle manœuvre en faififfant bien le moment, un ou deux bateaux pouffés dans un baiffier & mis en travers fur la rivière arrêteront invinciblement cent, deux cents trains ou bateaux embarbés derrière eux dans le canal. Aucun n'échappera, s'il n'eft averti affez à tems pour fe garrer au rivage du deffus. Vous les verrez tous échouer, s'amonceler les uns fur les autres, fe brifer, écrafer de leurs poids les travaux qui garantiffent la tête de l'ifle, & rejettent l'eau dans le canal de navigation; & vous compterez enfuite & la perte des matières, & les dépenfes de nouvelle conftruĉtion & de nouveau chargement, & le tems que

29

ces opérations exigeront dans un lieu où il faudra peut-être un mois pour raffembler les ouvriers & les étoffes néceffaires , & les frais pour le rétabliffement des ouvrages fur la rivière ; & les dommages réfultans, pour le commerce & pour l'approvifionnement de Paris, de l'interruption de la navigation pendant le tems néceffaire à la réparation. Car il ne faut pas oublier que dans toute la longueur de ces rivières qui fourniffent la moitié du bois & les deux tiers du charbon que l'on confomme à Paris, on eft toujours obligé , dans les eaux baffes ou moyennes de facrifier une portion du lit ou l'un des bras de la rivière pour établir d'un ou d'autre côté un chemin à la navigation , en y portant la plus grande partie de l'eau que l'épanchement ou la divifion rendroit de toute part infuffifante. Or , je dis que l'adminiftration, pourvu qu'elle foit une , fera toujours en mefure contre des événemens pareils à celui que je viens de décrire. Premièrement , elle fera toujours inftruite des opérations générales ou particulières du commerce, & , par conféquent , toujours en état de déconcerter une fpéculation dangereufe par mille moyens que les diverfes circonftances mettent dans fa main. Elle connoîtra l'état de nos approvifionnemens, & ne les laiffera jamais dans une fituation propre à engager la cupidité dans de pareilles entreprifes. Enfin, toujours préfente fur les rivières par fes agens , elle pourvoira fagement à ce que les départs des bateaux ou des trains fe fuccédent de manière à ne jamais les expofer au malheur réfultant d'une fi prodigieufe embacle ; & fi quelqu'un de ces contretems qu'on ne peut ni prévoir ni empêcher, tel qu'un débordement ou une gelée fubite venoit à occafionner un accident de la nature de ceux que j'ai tracés, elle auroit encore en main tous les moyens pour y remédier dans leur principe , & pour en prévenir les effets défaftreux. Et vous ajoutez , fans doute, qu'il n'y a que l'adminiftration qui puiffe le faire ; que, pour réunir tant de moyens, il eft néceffaire qu'elle foit une ; pour tenter de fi grands efforts, qu'elle y foit intéreffée par les plus grands motifs ; & pour les faire réuffir affez riche pour ne rien ménager.

Faut-il , Meffieurs, après tant de preuves , vous en préfenter

encore de nouvelles ? Faut-il vous entretenir des travaux continuellement néceffaires, ou pour conferver les chemins de tirage,
ou pour préferver les rivages des atteintes funeftes des rivières
fujettes à changer de cours, ou pour enlever les enfablemens, à mefure qu'ils fe forment, ou pour extirper les herbes qui, en fe mul-
tipliant, commencent par mettre une partie du courant en ftagna-
tion, fe chargent petit-à-petit des immondices qu'elles arrêtent, forment enfin une ifle qui rompt le cours de l'eau, rend fouvent le
paffage des ponts très-dangereux, parce que le fil de la rivière fe
trouve trop oblique par rapport à l'ouverture des arches, & s'ac-
croît, de jour en jour, aux dépens des propriétés latérales; ou
pour raffembler les eaux trop épanchées, dans un canal de navigation,
ou enfin pour ouvrir au commerce des paffages plus sûrs, plus fa-
ciles, moins coûteux.

Un grand nombre de ces objets, très-peu difpendieux dans le
principe, finiffent par exiger, au bout d'un certain tems, des
dépenfes prodigieufes, &, par cela même, n'auront jamais d'exécution, parce que perfonne ne s'en occupe, ou ne s'y intéreffe,
ou n'en a les moyens. Ils ne peuvent fixer que les regards d'une
adminiftration qui, perpetuellement à portée de voir, &, inftruite par une expérience journalière, fe trouve toujours affez
riche pour faire face à tout ce que le moment exige, & toujours
menacée d'être la victime d'une inattention, ou d'une économie
déplacée. Vainement s'en repoferoit-on fur l'intérêt du propriétaire
à la confervation de fon bien. Il faut y veiller pour lui. C'eft une
vérité reconnue, que le plus sûr rempart qu'on puiffe oppofer aux
dégradations des glaces ou des groffes eaux, c'eft une berge en
pente douce, couverte de gazon; & vous ne trouverez pas un propriétaire qui veuille prendre cette peine, ou faire cette foible
dépenfe pour défendre fon héritage; s'il fe forme un enfablement,
c'eft toujours en fa faveur que doit fe faire l'attériffement. La
perte ne fera que pour fon voifin; il ne craint jamais le mal avant
d'en être devenu la victime; & j'ai vu des héritages arrachés ainfi de
la moitié d'eux-mêmes, parce qu'on n'a pas eu la prudence de s'op-

poſer de bonne-heure aux premières attaques de l'eau, avant qu'elles euſſent pris le caractère d'une incurſion irréſiſtible, auſſi funeſte aux particuliers, qu'au commerce, & à nous. Il ne faut pas croire non plus que les adminiſtrations morcellées des Départemens & des Diſtricts puiſſent opérer les avantages, ni détruire les inconvéniens dont je parle. Les travaux des riviéres ne peuvent s'iſoler les uns des autres. Il faut qu'ils ſoient combinés enſemble, comme tous les ordres relatifs aux autres objets qui concernent la navigation. Un grand chemin de terre eſt indépendant des routes de traverſe ou de jonction. Une rivière eſt auſſi un grand chemin, mais aſſujetti à toutes les rivières, à tous les ruiſſeaux qui alimentent ſon cours, en y portant leurs eaux. Une ſeule opération, ou fauſſe en elle-même, ou rendue fauſſe par le défaut de correſpondance de celles qui devroient la ſeconder, peut cauſer des dépenſes incalculables, ou des maux ſans nombre à la navigation, à toutes les propriétés riveraines, à des provinces entières. La Beauce, la forêt d'Orléans communiquoient autrefois avec Paris, par les rivières d'Etampes & de Juine. On a laiſſé croître les herbes, qui ont engorgé leurs canaux, & s'établir des uſines ſans nombre, qui en ont interrompu le cours. Et maintenant que peut le Département de Paris, & celui d'Eure & Loir pour leur communication reſpective, ſi importante à nos approviſionnemens de grains ? Et que ſervira à celui du Loiret, d'avoir formé ou rétabli des ruiſſeaux flottables qui nous améneroient une partie des bois de la forêt d'Orléans, ſi le Département de Seine & d'Oiſe, qui ſe trouve entre les trois autres, & renferme tout le cours de la rivière d'Etampes, & la plus grande partie de celle d'Eſſône, a ſeul le droit excluſif de faire ou de ne pas faire, de diriger & d'entretenir les travaux néceſſaires au rétabliſſement de cette navigation, travaux auxquels, par les circonſtances locales, entre les quatre Départemens que j'ai nommés, il eſt ſeul preſqu'entièrement déſintéreſſé, & que, par des ſpéculations particulières, il pourroit ſe croire ſeul intéreſſé à ne pas faire, ou à ne pas conſerver par un entretien exact.

Anglure, eſt, Meſſieurs, un village ſur l'Aube; & les forêts qui

font vers la partie fupérieure de cette rivière pourroient nou
fournir à-peu-près un quart de notre confommation en bois &
charbon. Si la communication étoit ouverte, il en réfulteroit, dès
le moment, un grand avantage pour les propriétaires à qui leurs
poffeffions font inutiles, faute de débouchés; une abondance actuelle
pour la ville de Paris; un amendement falutaire dans le prix de
ces combuftibles, aujourd'hui trop élevé pour la plupart des habitans de Paris, & qu'il faut néceffairement travailler à rabaiffer; une
certitude d'approvifionnement inépuifable à l'avenir, par le repos
momentané des autres forêts, aujourd'hui fatiguées & épuifées par
des anticipations funeftes; enfin, un grand avantage pour le Département de l'Aube, par rapport à tous les autres objets de commerce. Mais la vanne d'Anglure eft un paffage impraticable; per-
mettez-m'en, Meffieurs, la defcription la plus rapide. La chûte a
fept pieds de hauteur perpendiculaire dans les plus baffes eaux.
A côté de la grande vanne eft la petite vanne du moulin. C'eft
fous la chûte de cette vanne, dont l'eau tombe avec une vîteffe
& une maffe énormes, qu'il faut remonter un bateau vuide. On le
ferme au maffif qui fépare les deux vannes. Des chevaux font
placés au-deffus, fur la rive oppofée. On lâche au-travers de
la grande vanne une poulie qui s'amarre au bateau; &, fi dans
l'inftant même où fe donne le coup de fouet, les deux mariniers,
placés en tête du bateau, ne faififfent pas le tems d'enfemble pour
détacher la corde & repouffer la proue hors du maffif, l'effort de
la grande vanne le repouffe à l'inftant, fous la chûte de la petite,
& le même inftant enfévelit le bâtiment avec les hommes. Aucun
train de bûchès ne peut defcendre par ce lieu défaftreux. Le coupon
de tête piqueroit infailliblement dans l'enfonçure, & le train lancé
par le courant, comme un rouleau, feroit néceffairement mis en
pièces. Les trains de planches font garantis de ce danger par leur
longueur, leur forme & leur légéreté. Cependant, les mariniers
n'ont pas la témérité de les conduire. Ils les abandonnent au courant
qui les entraîne, avec la vîteffe d'une fléche, fur les murs du Quai,
où on les attend avec des fafcines, qui, en fe brifant fous la vio-
lence

lence du choc, préfervent le train d'être fracaffé. Il faut accoupler les bateaux, pour les empêcher de chavirer. Nul bâtiment chargé ne peut hafarder le paffage, fous peine d'être brifé fur la chûte même de la vanne. On le décharge au deffus, pour tranfporter les marchandifes dans un bateau de recharge, au-deffous de la vanne, ou on l'allége de la moitié de fa charge au moins ; ce qui écrafe le commerce, par l'énormité des frais ; &, malgré ces précautions, toutes les marchandifes qu'altère l'humidité, le font néceffairement par l'eau qui rejaillit entre les deux bateaux accouplés à une hauteur & avec une maffe effrayante. Il n'y a point d'année qu'il n'y en périffe plufieurs ; & tout le canton m'a rendu le douloureux témoignage du grand nombre d'hommes qui y ont trouvé la mort en cherchant la reffource de leur vie. Je puis attefter la vérité du tableau d'après mon épreuve perfonnelle ; comme j'ofe affûrer, d'après mes propres yeux, la poffibilité de remédier à cet inconvénient effroyable. Deux plans font propofés : le plus fimple, le plus facile, le moins difpendieux de beaucoup, eft auffi le plus fûr. Mais, qui fera cette dépenfe, & qui l'entretiendra ? Les Départemens de la Haute-Marne, de l'Aube & de Paris y font intéreffés. Mais Anglure eft dans le Département de la Marne ; l'Aube, qui l'échancre à peine dans fa pointe méridionale, n'y fait qu'un trajet de cinq lieues environ ; &, loin que l'ouverture de cette communication doive paroître intéreffante aux Négocians de ce Département, qui font leur commerce par la Marne, elle peut leur préfenter, au contraire, la crainte d'une concurrence qu'on croit ordinairement prudent d'éviter. Or, je demande fi la juftice & la raifon veulent qu'on remette de fi grands intérêts entre les mains de ceux dont ils peuvent contrarier les fpéculations ?

C'eft ici que fe préfente la queftion de droit. Je ferai court fur cet article, Meffieurs ; je fais que je parle devant une Affemblée légiflatrice qui m'a appris, par la plus douce épreuve, à compter fur la fageffe & la juftice de fes jugemens.

Dans l'ordre de la nature, le travail eft le feul principe de la propriété. Nous naiffons avec des befoins qu'il faut fatisfaire fous peine de mort. Telle eft la loi première ; & nous avons deux moyens d'exécution , la force & le travail. La force eft deftructive ; elle eft condamnée par la nature dont elle contrarie l'objet. Le travail eft confervateur ; il eft fils de la nature ; il hérite de fes droits, parce qu'il remplit fon vœu : & , fous ce point de vue, l'air , la mer & les rivières ne peuvent appartenir à perfonne, comme une tranf-miffion de la nature , parce que tout ce qui conftitue leur exiftence eft l'ouvrage de la nature même. La mefure du droit de nature eft fubordonnée au terme qu'elle fe propofe. Le terme du befoin eft la jouiffance. La propriété n'en dérive , comme droit, qu'au-tant qu'elle eft néceffaire à l'une pour fuffire à l'autre. Ici la jouif-fance fuffit ; le travail même ne peut, en principe naturel , rien acquérir au-delà.

Dans l'ordre focial , les rivières font une propriété de la Nation, parce que la fociété entière a befoin de cette propriété , pour affûrer au travail de tous fes membres un égal droit de jouiffance. Elle en a befoin pour établir & conferver les communications né-ceffaires à l'exiftence & à la profpérité générale & particulière. Nul individu n'a droit d'en arrêter , d'en embaraffer, d'en intervertir le cours ; c'eft un bien commun , parce que c'eft un befoin com-mun ? la nature même y répugne ; l'eau qui s'enfuit loin de fon prétendu propriétaire , réclame contre l'abfurdité de fa prétention. Et de quel droit le rivage entreprendroit-il de gouverner le bateau qui paffe devant lui fur un canal public , ou de régler l'effet du pacte en vertu duquel il va chercher fa deftination.

C'eft donc ici un droit effentiellement inhérent à la Nation ; & , par conféquent, un objet d'adminiftration générale ; & , s'il eft à propos qu'elle en délègue à quelqu'un l'exercice particulier , comme je crois l'avoir démontré , c'eft affûrément dans la nature de la chofe, dans la fûreté , dans le befoin , dans l'intérêt public & particulier qu'il faut chercher les motifs du choix ; & ce choix fera jufte , s'il eft déter-miné par ces principes. Or je demande de quel côté font les plus grands befoins , les plus grands intérêts , les plus grands dangers, les plus grands moyens ; & je demande s'il eft convenable de fubordonner le commerce dont notre exiftence dépend, à ceux qui n'éprouvent pas les mêmes befoins, qui ne font pas follicités par les mêmes intérêts, qui ne craignent pas les mêmes dangets; qui, loin d'avoir les mêmes moyens, n'ont pas même la poffibilité d'y pourvoir ; & je demande s'il eft jufte qu'une claffe nombreufe d'hommes de tout pays n'ayent pas la liberté de choifir, pour diriger des opérations fi difpendieufes, fi importantes, fi difficiles, fi dangereufes, ceux de la part defquels un intérêt commun leur affûre, en toute circonftance, & juftice, & protection, & fecours de toute efpéce ; & je demande quelle injuftice on peut avoir à craindre d'une adminiftration qui fera forcée, pour fon propre bien, d'en redouter l'apparence plus que les autres n'en appré-hendent la réalité; qui ne pourra faire une faute qui ne tourne contr'elle-même ; qui ne menace, je ne dis pas fa propriété, mais fon exiftence. Les propriétés publiques & particulières ne font-elles pas affûrées par une loi générale ? Ne font-elles pas garanties par l'Affemblée-Nationale ? Les provinces peuvent-elles craindre, de la nouvelle adminiftration municipale de Paris, ce que Paris a, plus d'une fois, éprouvé, comme elles, des anciens officiers-municipaux que Paris ne nommoit pas ? Ou plutôt qui peut mieux les raffûrer contre toute inquiétude que de voir ce foin confié à la ville de Paris ? Qu'eft-ce que la ville de Paris peut vouloir ? Que les débouchés foient ouverts aux objets de fa confommation; que les canaux foient libres & fûrs pour la navigation. N'eft-ce pas un avantage univerfel? Mais, dans le nombre des Départemens, des Diftricts, des Municipalités, plufieurs n'y ont que peu ou point d'intérêt direct. Enfin ceux qui pourroient avoir, relativement à ces objets, une volonté propre, ne l'auront jamais que dans la mefure de leur intérêt, & qu'en raifon des dépenfes de première mife, ou d'entretien comparées avec les bénéfices, Paris eft obligé de vouloir, fous peine de mort. Ce ne font pas des bénéfices de commerce ; ce font des degrés de certitude qu'il fera forcé de cal-culer; & ceux-ci font la fauve-garde des propriétaires, des négo-cians & des navigateurs. Si les indemnités allouées par les anciennes ordonnances, pour le chomage de quelques ufines, ou pour quelque ufage de terres riveraines, font aujourd'hui dans une proportion trop foible avec les autres valeurs, n'eft-il pas facile de remédier à de fi petits inconvéniens? N'eft-il pas facile de faire difparoître tout fujet d'ombrage, & d'établir l'harmonie la plus conftante, foit en donnant à la ville de Paris la permiffion de déléguer, dans chaque ville, un des officiers-municipaux pour y juger fommairement, dans tous les arrondiffemens refpeƈtifs, les conteftations directement & immédiatement relatives à notre approvifionnement & aux loix de la navigation; car c'eft-là que fe borne notre demande, parce que c'eft-là que fe borne le befoin indifpenfable: foit en donnant à chacun des Départemens, une place dans le tribunal de la Municipalité de Paris, tribunal circonfcrit dans les limites invariables des objets dépendans de l'adminiftration, foit pour les approvifionnemens, foit pour la navigation & les chemins de tirage, parce que ces matières fuffifent pour l'occuper tout entier; parce qu'elles ont befoin d'une jurifprudence conftante, & qu'elles exigent, prefque toutes, une prompte décifion.

Enfin je demande, indépendamment des preuves que j'ai détaillées, s'il eft, parmi les hommes, un motif plus déterminant que le vœu général de tous les intéreffés; s'il exifte une certitude morale, fupérieure à celle qui réfulte de la déclaration unanime de tous les hommes qui ont l'expérience de la chofe; s'il eft une bâfe plus folide pour affeoir le jugement d'une prétention que l'adhéfion & la follicitation de tous ceux qui fembleroient devoir élever des prétentions contraires; fi la loi peut fe propofer d'autre objet que d'affûrer aux hommes les moyens de confervation & de bonheur; s'il eft un fyftême qui puiffe prévaloir fur la néceffité des chofes & la profpérité publique & particulière.

Paris réclame en faveur d'une poffeffion avouée par dix-huit fiécles, aujourd'hui devenue indifpenfablement néceffaire à fon exiftence. Le commerce demande qu'on lui conferve l'unique moyen de continuer des opérations dont l'aƈtivité entretient la vie & la richeffe de tous ceux qui y participent, Propriétaires,

Confommateurs, Négocians, Artiftes, Ouvriers. La navigation le follicite comme le feul moyen de conferver & d'accroître la liberté, la facilité, la fûreté, la profpérité de fes entreprifes, comme l'unique garant de la fortune & de la vie d'une multitude innombrable d'hommes qui n'ont d'autre propriété que les travaux fur les rivières, & pour qui cette propriété ne peut être fécondée que par l'adminiftration de Paris. Les Municipalités du haut-pays élévent leur voix pour appuyer une demande qui fembleroit pouvoir déplaire à leur amour-propre. J'apporte aux pieds des Repréfentans de la Nation, les délibérations des Bourgs, des Villages, des chefs-lieux de Diftricts, de commerce, de navigation. Ils ne difent pas : Nous confentons pour l'intérêt de Paris; ils difent : Nous demandons. Ils difent aux Officiers Municipaux de la Ville de Paris, plufieurs me difent à moi-même, en cette qualité : les befoins de Paris, les nôtres l'exigent également. Paris ne peut exifter, la navigation ne peut fe maintenir; notre commerce ne peut fe foutenir; nos Citoyens ne peuvent vivre fans cela. C'eft le vœu unanime; c'eft le cri du befoin, c'eft l'expreffion de l'intérêt univerfel. Soyez-en les organes auprès des Légiflateurs de la France, qui ne peuvent vouloir que ce que veulent la néceffité, la juftice & le bonheur de tous. Parlez au nom de la Capitale : citoyens de Paris, vous lui devez votre voix; parlez en notre nom : vous nous le devez comme citoyens de la France; & nous vous inftituons, par une miffion expreffe, dépofitaires de nos fentimens, interprétes de nos befoins, défenfeurs de nos intérêts communs auprès de l'augufte Affemblée que vous avez le bonheur de poffe´der dans l'enceinte de vos murs.

Concluons. Il eft impoffible que Paris foit approvifionné; que les Propriétaires des forêts qui fourniffent nos combuftibles, trouvent une vente fûre & avantageufe de leurs bois; que le commerce & la navigation fe foutiennent, fans l'unité d'adminiftration & de jurifdiction dont j'ai démontré la néceffité, la juftice, la convenance. Il eft abfurde d'abandonner l'exiftence de fix-cents mille hommes aux hazards des événemens, à la rencontre fortuite d'une multitude de reſſorts, dont l'art a continuellement beſoin pour vaincre la nature; à l'indifférence cruelle, aux ſpéculations avides, à l'ignorance téméraire, aux ſyſtèmes deſtructeurs d'hommes qui, quand ils le voudront, même ſans le vouloir, précipiteront Paris dans un abîme de maux, dont rien ne l'aura averti, dont rien ne pourra le délivrer.

Ce que Paris demande ne nuit aux droits de perſonne, puiſqu'il eſt démontré que ces objets ne peuvent être diviſés entre les diverſes adminiſtrations locales; puiſque c'eſt ſa choſe qu'il demande à diriger; ſa choſe propre; car c'eſt, d'un côté, ſon approviſionnement, acheté & deſtiné pour lui, ſur lequel la loi de la propriété & de la liberté ne laiſſe de prétention à perſonne; de l'autre côté, la ſûreté & la facilité des routes qui nous l'améne; ce qu'aucune adminiſtration partielle ne peut faire pour Paris, ce que Paris ne peut effectuer pour lui-même, ſans l'aſſûrer pour tout le monde. Si la ville de Paris doit néceſſairement continuer d'avoir ſes prépoſés dans les différens lieux, pour conſerver les inſtructions relatives à ſon exiſtence, & que l'adminiſtration générale en établiſſe d'autres, pour diriger les opérations de tous les jours & de toutes les heures, on conſtitue un double emploi en pure perte; on donne lieu infailliblement à une rivalité pernicieuſe, & à des contrariétés perpétuelles. Il eſt ſouverainement injuſte que Paris ſoit dépouillé de la permiſſion de pourvoir à des beſoins auſſi eſſentiels, ou forcé de s'en rapporter à d'autres. Cela eſt abſolument contraire aux intentions de l'Aſſemblée Nationale, qui a voulu que Paris fût chargé du ſoin & des dépenſes de ſes ſubſiſtances. Nulle adminiſtration n'aura jamais ni des connoiſſances auſſi exactement combinées, ni un intérêt auſſi actif ſur cet objet, que la Municipalité même de Paris. Je dis plus; nulle adminiſtration n'aura jamais beſoin de ménager les intérêts des provinces plus que Paris lui-même. Si l'adminiſtration générale néglige ou ſe trompe, les provinces ſouffrent, & Paris eſt perdu. Paris ne peut négliger, parce que c'eſt de ſon exiſtence qu'il s'agit; &, s'il peut s'égarer, il ſera redreſſé par la loi & par l'autorité de qui il tiendra des pou-

voirs, dont il lui importera, par-deſſus tout, de ne pas mériter qu'on
lui ôte l'exercice ſubordonné à l'adminiſtration générale. Le commerce intérieur, les négocians du dehors, la navigation, les Diſtriᶜts,
les Municipalités des villes & des villages du haut-pays ſe réuniſſent
avec nous, par un vœu commun, pour preſſer & ſolliciter, en
leur nom, pour leur propre avantage, ce qu'exigent nos beſoins
& leur intérêt.

Il eſt donc néceſſaire que la Municipalité de Paris ſoit autoriſée
à ſurveiller & à diriger, par ſes agens ou prépoſés ſous la ſupré-
matie de l'adminiſtration générale, toutes les opérations habituelles
& journalières, qui tiennent directement & immédiatement au flottage & tranſport par eau des bois & charbons deſtinés à ſes approviſionnemens, les clôtures & ouvertures des écluſes, vannes &
pertuis, leur réparation & entretien, ainſi que des ouvrages établis
ſur les rivières, pour la conduite, arrêt, tirage & miſe à flot deſdits bois, ou pour la ſûreté & facilité du tranſport ; le nétoiement
& conſervation des rivières, berges & chemins de tirage, enfin,
la conduite & police des trains ou bateaux, en ce qui concerne
l'apport deſdits bois & charbons, ainſi que la ſûreté & facilité de
la navigation, & les ſecours dont elle a généralement & continuellement beſoin.

2°. Quant aux conſtructions nouvelles ou travaux, dont la ſuite des
tems préſenteroit le beſoin général, qu'après en avoir référé à l'adminiſtration générale, qui jugera de leur néceſſité, ou de leur utilité,
la direction de ces travaux, & leur ſurveillance & entretien ſoient
confiées, de la même manière, à la Municipalité de Paris, ſous
l'autorité de l'adminiſtration générale ; tous autres travaux, ou
conſtructions d'utilité ou de néceſſité ſeulement locales, reſtant ſous
la direction des Départemens, Diſtriᶜts ou Municipalités des lieux.

Quant au Tribunal, ſi, conformément au vœu conſigné dans les
délibérations qui nous ont été adreſſées par un grand nombre de
Municipalités, on prend le parti, que je crois indiſpenſable, de le
fixer à Paris, en le circonſcrivant abſolument dans la ſphère des
objets ſoumis à l'adminiſtration ou agence municipale, il me paroît

néceffaire , ou qu'il foit totalement féparé de la Municipalité ; ou , s'il y eft réuni , qu'il foit compofé moitié de Juges Municipaux de Paris , moitié de Juges choifis alternativement par les Déparremens qu'arrofent les rivières fur lefquelles la Municipalité de Paris exercera l'adminiftration demandée ; & , peut-être même , en le féparant abfolument de la Municipalité , faudroit-il encore que fa compofition fût mi-partie , de la manière que je viens d'indiquer , afin d'anéantir jufqu'au plus léger prétexte d'ombrage ou d'inquiétude ; & qu'au furplus il foit choifi pat la Municipalité de Paris , dans les différentes villes , des officiers Municipaux , pour juger , chacun dans fon arrondiffement refpeétif , comme par le paffé , & fauf l'appel dans les cas prévus ou à prévoir , les conteftations relatives aux objets dont la direétion fera confiée à l'adminiftration municipale de la ville de Paris.

De l'Imprimerie de LOTTIN l'aîné, & J.-R. LOTTIN , Imprimeurs-Libraires Ordinaires de la VILLE , rue S.-André-des-Arcs (N° 27) 1790.

www.ingramcontent.com/pod-product-compliance
Lightning Source LLC
LaVergne TN
LVHW010330030726
842520LV00004B/1364